中国科学家故事丛书·第1辑

格数理 造新物

任福君 主编

科学普及出版社
·北 京·

图书在版编目（CIP）数据

格数理　造新物 / 任福君主编. —— 北京：科学普及
出版社, 2021.9（2024.7重印）
（中国科学家故事丛书. 第1辑）
ISBN 978-7-110-10279-4

Ⅰ.①格… Ⅱ.①任… Ⅲ.①科学家 – 生平事迹 – 中
国 – 现代 – 青少年读物 Ⅳ.①K826.1-49

中国版本图书馆CIP数据核字(2021)第131442号

策划编辑	王晓义
责任编辑	徐君慧
封面设计	郑子玥
正文设计	北京中科星河文化传媒有限公司
责任校对	焦　宁
责任印制	徐　飞

出　　版	科学普及出版社
发　　行	中国科学技术出版社有限公司
地　　址	北京市海淀区中关村南大街16号
邮　　编	100081
发行电话	010-62173865
传　　真	010-62173081
网　　址	http://www.cspbooks.com.cn

开　　本	889mm×1194mm　1/16
字　　数	60千字
印　　张	6.75
版　　次	2021年9月第1版
印　　次	2024年7月第2次印刷
印　　刷	唐山富达印务有限公司
书　　号	ISBN 978-7-110-10279-4 / K·172
定　　价	69.80元

丛书编委会

主　任　任福君

副主任　赵立新

编　委　（按姓氏笔画排序）

马　丽　王　妍　石　磊　刘树勇

肖博仁　张晓铮　钟卫宏　高文静

本书编委会

主　编　任福君

副主编　石　磊　高文静

绘　画　（科学家肖像）　杜爱军

前/言

2019年5月，中共中央办公厅、国务院办公厅印发了《关于进一步弘扬科学家精神加强作风和学风建设的意见》，将科学家精神归纳为：胸怀祖国、服务人民的爱国精神，勇攀高峰、敢为人先的创新精神，追求真理、严谨治学的求实精神，淡泊名利、潜心研究的奉献精神，集智攻关、团结协作的协同精神，甘为人梯、奖掖后学的育人精神。2020年9月11日，习近平总书记主持召开了科学家座谈会，在会上指出："科学成就离不开精神支撑。科学家精神是科技工作者在长期科学实践中积累的宝贵精神财富。"弘扬科学家精神不仅是党和国家的要求，也是党和国家赋予我们的崇高使命。

中国科学家精神是宝贵的精神财富，是培养青少年思想道德素质和科学文化素质的重要营养元素。中国科学家精神是引导青少年把个人理想融入时代主题，立志做担当民族复兴大任的时代新人的一盏明灯。培根铸魂要从青少年抓起，用中国科学家精神滋养青少年的心田，播下中国科学家精神之种。

科学家精神既是抽象的，又是具体的。科学家精神体现在科学家的成长、求知、创新和奉献中，因此，讲述科学家的故事，展示和传播科学家精神既是当务之急，更是弘扬科学家精神的有效途径。中国科学技术协会作为科技工作者之家，承担着弘扬科学家精神的重任，肩负着科普尤其是普及科学家精神的职责。在新时代，向青少年传播科学家精神，是厚植科技创新沃土、培养科技后备军的重要途径。为此，中国科协创新战略研究院联合中国科学技术出版社暨科学普及出版社，以老科学家学术成长资料采集工程的一手资料为基础，以中国科学家微信公众号发表的文章为蓝本，组织编写了《中国科学家故事丛书》。丛书结合青少年的阅读特点和心理特征，从国家勋章获得者、国家最高科学技术奖获得者、"两弹一星"元勋等荣誉获得者中选取了 40 位科学家代表人物作为故事的主人公，依照中国科学家精神的要素编写其成长故事、求学故事、创新故事、求实故事、奉献故事、协同故事等。同时，采用绘画和资料图片融合的方式进行页面设计，以求达到活化时代背景、还原历史场景，把文字故事融入历史场景，让场景丰富和活化故事内容的目的。

丛书第 1 辑共 4 册，分别为《勇问天　巧问地》《行医道　战病毒》《知原子　铸核武》《格数理　造新物》；每个分册有 10 位科学家，4 册共计 40 位科学家。其中，《勇问天　巧问地》主要讲述地质学、地理学、气象学、植物学、建筑学、航空、农作物育种等领域的中国科学家谢家荣、侯仁之、叶笃正、吴征镒、刘东生、吴良镛、顾诵芬、袁隆平、李振声、曾庆存的故事；《行医道 战病毒》主要述说临床医学、基础医学、中医学等领域的科学家吴孟超、王振义、王忠诚、顾方舟、侯云德、屠呦呦、钟南山、张伯礼、张定宇、陈薇的故事；《知原子　铸核武》主要是关于原子核物理、核武器研制等领域的科学家钱三强、何泽慧、王大珩、黄纬禄、程开甲、黄旭华、彭士禄、于敏、孙家栋、钱七虎的故事；《格数理　造新物》主要讲述数学、物理学、化学及大型实验装备建造等领域的科学家严东生、吴文俊、谢家麟、洪朝生、徐光宪、师昌绪、闵恩泽、郑哲敏、谷超豪、南仁东的故事。

编写这套丛书的目的是传播中国科学家故事，弘扬中国科学家精神，希望得到广大青少年读者的欢迎。同时，希望通过这套丛书以及全社会的努力，让科学家精神的雨露洒满神州大地，使学科学、爱科学在青少年中蔚然成风，让投身科学成为新时代广大青少年人生理想的首选。

目/录

国家发明奖

发明者证书

严东生（1918—2016）
材料科学家
中国科学院院士
中国工程院院士
1981年国家发明奖一等奖获得者

为"悟空"装上"千里眼"
——严东生

　　宇宙中有许多未解之谜，人类想要探索宇宙的奥秘，就需要一双特别的"眼睛"来探测其中的高能小粒子。这双特别的"眼睛"离不开闪烁晶体，而一提到闪烁晶体，人们首先想到的科学家就是严东生。

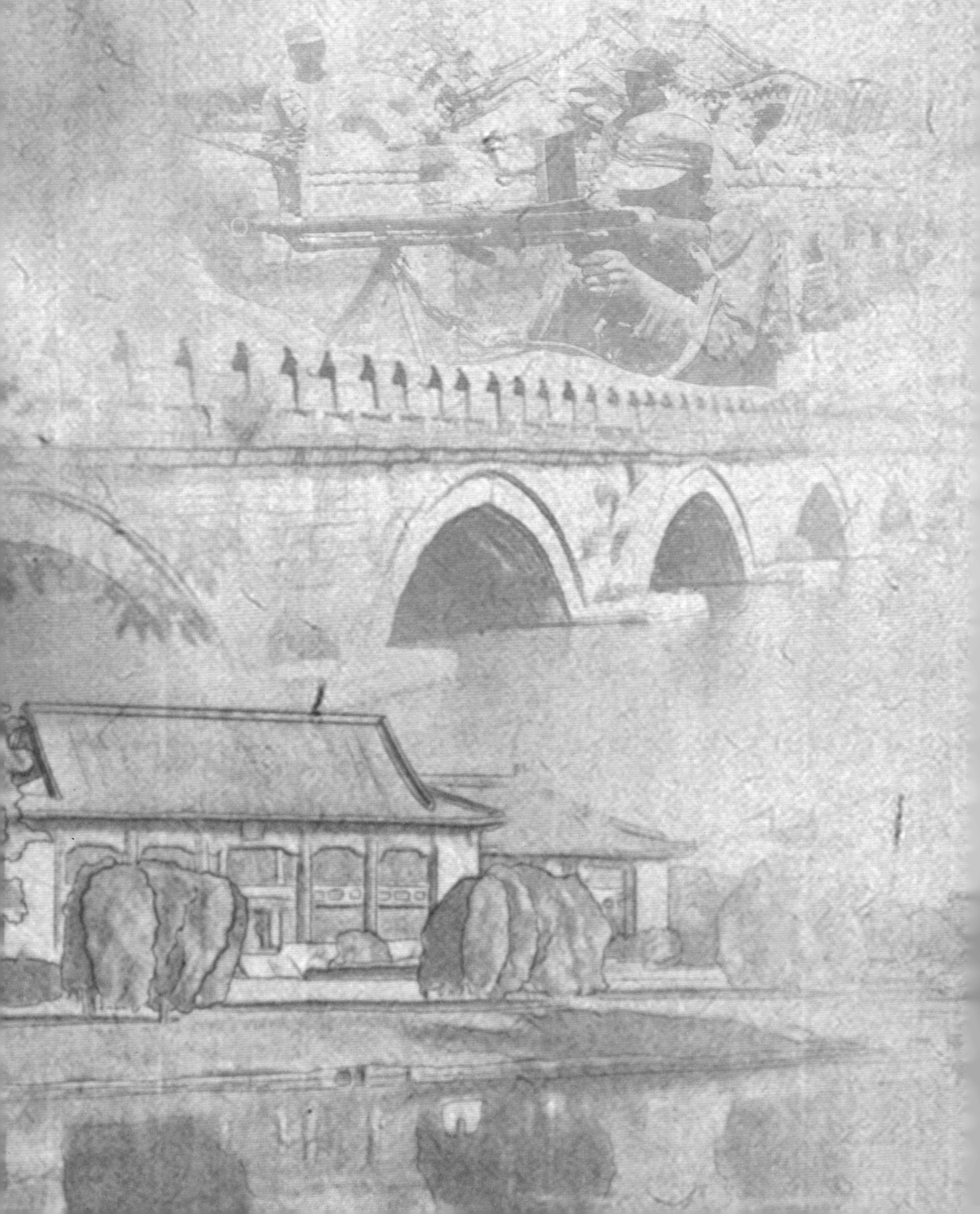

科学的大门向他敞开

1941年，严东生在燕京大学

1918年，严东生出生于上海市。战乱年代，他看到了西方科学先进和祖国科学极端落后之间的巨大反差，在心中埋下了"科学救国"的种子。严东生17岁考入国立清华大学理学院，大学二年级分系时，选择了喜欢的化学系。

"七七事变"后，国立清华大学南迁。为了留在北平陪伴多病的母亲，严东生转入燕京大学。在这里，他认识了化学系三年级唯一的一位女同学孙璧媃。两人相知、相爱，走过6年寒暑，于1943年喜结连理。

毕业后，严东生留校任教，并继续攻读硕士学位，导师是美国麻省理工学院毕业的威尔逊博士。在导师指点下，他开始探究无机材料的基础课题——"固相反应机理"。这是他在材料科学研究上的起步，也是长期从事材料科学研究迈出的坚实一步。

1941年，严东生硕士毕业，并荣获当年唯一的"斐托斐金钥匙奖"。这项以希腊文命名的奖项，尽管没有奖金，却是极高的荣誉，是开启科学大门的钥匙。

严东生在燕京大学化学系实验室

放弃科研坦途为回国

　　抗日战争胜利后，严东生和妻子孙璧媃获取赴美留学的机会。当时，他们已有一女，且孙璧媃又怀有身孕。考虑到需要照顾孩子和老人，孙璧媃放弃了赴美留学的机会，让严东生毫无后顾之忧地踏上了征途。

　　1946 年 9 月，严东生赴美国纽约大学攻读研究生，1947 年 9 月转入美国伊利诺伊大学。留学期间，严东生学习勤奋刻苦，不到两年时间就完成了博士论文，以全 A 的成绩获得陶瓷学博士学位。毕业后，严东生留校继续从事博士后研究，并与校方签订了 3 年合同。

　　当时，严东生的科研事业一片坦途，但祖国的局势牵动着他的心。他和华罗庚、殷之文等十几名同学参加了留美中国科学工作者协会伊利诺伊大学分会。在聚会上，他们阅读进步书籍和刊物，讨论国内形势。1949 年 10 月，严东生等人高兴地得知中华人民共和国成立的消息，于是萌生了回国参加建设的想法。

　　尽管严东生知道回国势必会使自己的科研生涯受到较大影响，但在他看来，走上科研道路、赴美留学的初衷是为了"科学救国"，如今祖国需要建设，正是需要自己的时候！他的决定得到了伊利诺伊大学导师的理解，同意提前结束工作合同。

　　1950 年，在克服美国当局设置的重重困阻后，中断博士后研究的严东生搭乘"威尔逊总统"号轮船几经周折回到了故土。当踏上天津市塘沽港码头，看到爱妻孙璧媃和两个孩子的身影时，他的泪水顿时夺眶而出……

1949 年，严东生获
伊利诺伊大学博士学位

1950 年，严东生一家团聚

闪烁晶体获世界第一

20 世纪 80 年代初，欧洲核子研究中心计划建立世界上能量最大的正负电子对撞机（LEP）。诺贝尔物理学奖获得者丁肇中的合作组负责建造正负电子对撞机中的一个探测器，计划采用一种闪烁晶体材料新型锗酸铋（BGO）做探测器中的核心部件。他想到了严东生。

"你们能不能做闪烁晶体锗酸铋？尺寸要很大很长。"1982 年，丁肇中来北京找严东生。

"这是一个新的问题、新的挑战，但我愿意试一试。"严东生知道，参与其中将具有重要的科学意义，于是当即应允。

当时，美国、日本、法国有关机构也在研制探测器所需的 BGO，竞争十分激烈。1983 年，欧洲核子研究中心进行国际评比，中国科学院上海硅酸盐研究所提供的晶体各项性能均名列榜首，他们拿到了这一国际项目的"任务书"。

更为艰巨的挑战摆在严东生面前：硅酸盐所必须在 5 年之内完成 12000 根锗酸铋晶体的生产。

晶体生长的环境要求极为苛刻，每年数以吨计大批量生产大尺寸、高质量的闪烁晶体，被认为是一项史无前例的任务。

虽然时间紧、任务重，但严东生带领他的团队还是提前一年完成了全部晶体的研制任务。与此同时，硅酸盐所还开发出一套新的生长工艺，建立了整套的生产流水线，锻炼出一支能打硬仗的科技队伍。

那时的丁肇中逢人就说："谁要锗酸铋晶体，就到中国科学院上海硅酸盐研究所去！"

2017 年，我国首颗暗物质探测卫星"悟空"取得首批重大科学成果，悟空的"视网膜"——308 根 600 毫米"世界最长锗酸铋晶体"，为卫星探测暗物质提供了最核心的探测器件。这是在严东生团队早年的闪烁晶体研究基础上完成的。

科研和爱情始终如一

正如对科研始终如一的追求，严东生和妻子孙璧媃的爱情，也堪称佳话。自19岁邂逅爱情，严东生和妻子携手72载，伉俪情深。

"璧媃，一起去散步吧。""璧媃，来听这首曲子。"……严东生一口标准的普通话，呼唤爱妻时格外温柔。

2009年，严东生在中央电视台《大家》栏目中曾说："这一生最大的遗憾是没有遗憾，总的来讲比较顺。比如说，我交过一次女朋友，结过一次婚，现在已经66年了。"

2014年，孙璧媃在医院里住了3个多月，当时严东生虽已96岁，仍每天下午到医院看看妻子，陪她说说话。

在妻子的追悼会上，严东生做出了最后一次承诺："你在那边等着我，我们很快就会再相见的。"

2016年9月18日，严东生逝世，享年98岁。在他生命的最后时刻，牵引他走向天堂的，是他与爱妻重新相聚的念想。

（本文作者：陈印政）

$$W = SqV$$

$$Sq^k W_m = W_k W_m + \binom{k-m}{1} W_{k-1} W_{m+}$$

吴文俊（1919—2017）
数学家
中国科学院院士
2000 年国家最高科学技术奖获得者
2019 年"人民科学家"国家荣誉称号获得者

"玩"出数学三大高峰
——吴文俊

  他被称作"给别人饭碗的伟大数学家"。他从未获得数学界的诺贝尔奖——"菲尔茨奖",但成果却被 5 位"菲尔兹奖"获得者引用；钻研中国古代数学,为数学研究开创了一条新的道路。他就是吴文俊。

数学零分不气馁

刚进入上海交通大学时的
吴文俊

吴文俊小时候，由于父亲在上海市的书局、报馆做翻译工作，所以家中有许多藏书，父子俩一起泡在书里的日子给他留下了深刻的印象。受父亲的影响，吴文俊养成了阅读的习惯，《官场现形记》《儒林外史》他都喜欢看。

初二寒假期间，日军对上海进行大轰炸。由于担心一家人的安危，全家回江苏省青浦县（今上海市青浦区）老家躲了几个月。可是学校并未停课，等到他们回来后才发现吴文俊的功课落下一大截。语文还好，数学就根本听不懂了。于是，他干脆不听了，在下面看起了小说。结果期末考试数学得了零分。

这次考试对少年吴文俊无疑是一记警钟。不过，吴文俊没有气馁，开始真正用功学习，特别是数学和英语。高中时吴文俊的物理成绩也不错，有一次还考了满分。他的物理老师敏锐地看出了吴文俊的数学特长，便告诉了校长。于是，在校长的要求下，他报考了位于上海的国立交通大学数学系并以理学院第二名的成绩被录取。

遇到名师始创新

  1940 年，21 岁的吴文俊大学毕业，这时他已经有成为数学家的志向和自信了。接下来的六七年时间里，由于战争的影响，他没能继续学习深造。在此期间，吴文俊虽然也进行数学研究，但由于没有明确的方向，研究并不深入。

  直到 1946 年，吴文俊迎来一生的重要转折——结识陈省身。陈省身是 20 世纪最伟大的微分几何学家。当时，陈省身应邀回国筹建中央研究院数学研究所，带来了关于拓扑学方面的新理论，这令他大开眼界。在陈省身的引导下，他很快也投入这个新领域的探究。

  吴文俊初进数学研究所时，办公桌在图书馆，他因此阅读了不少数学书。有一天，陈省身来到图书馆，跟吴文俊说，你书看得够多了，现在应该"还债"了。陈省身说的"还债"是指写论文。不久，吴文俊就完成了他的第一篇文章。该文章被陈省身推荐到巴黎的《法国科学院周报》发表了。

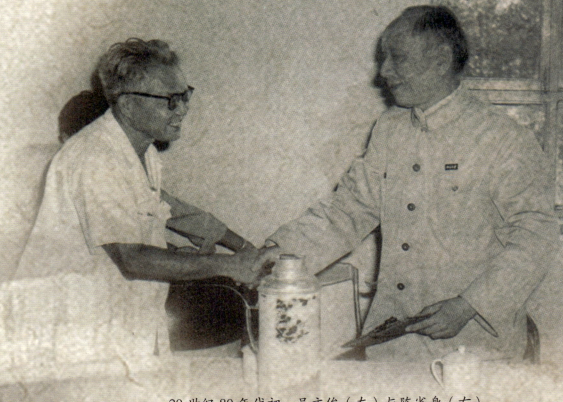

20世纪80年代初，吴文俊（左）与陈省身（右）

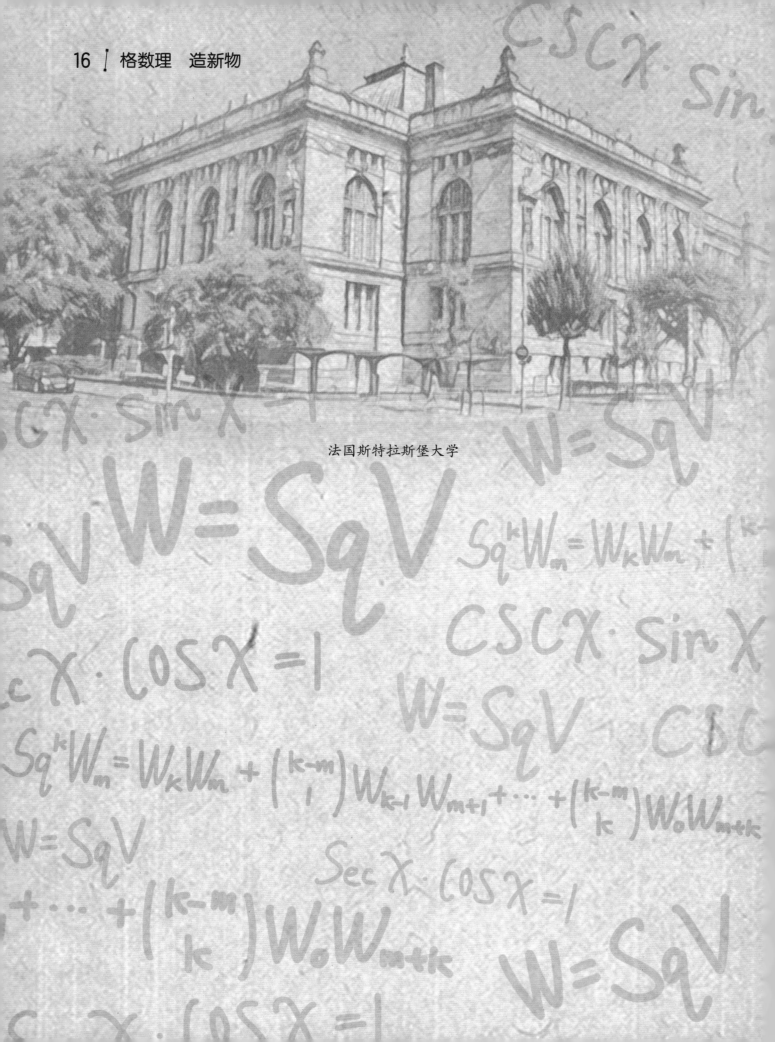

法国斯特拉斯堡大学

数学高峰敢攀登

就在吴文俊师从陈省身期间，美国著名的拓扑学大师施蒂费尔·惠特尼证明了对偶定律，但证明过程十分复杂，以至于他本人计划出书来阐明这个定律。吴文俊对此定律很感兴趣，全身心投入研究，仅用了一年多的时间便做出简单新颖的证明。

1955年，吴文俊在中国科学院数学所作拓扑学的学术报告

1947年，吴文俊赴法国斯特拉斯堡大学读书，两年后获得博士学位，随后在法国国家科学中心任研究员。当时正值法国拓扑学重新复兴，吴文俊在这样良好的环境中得以迅速成长。

1950年，"吴公式"发表，从入门到"吴公式"发表仅仅花了4年时间。吴文俊成为拓扑界冉冉升起的新星，与托姆、塞尔、保莱尔一起并称为拓扑界的四大天王。正是由于他们的努力，拓扑学一跃成为20世纪的数学主流学科之一。

此时，吴文俊声名鹊起，国外知名高校及研究所纷纷向他伸出橄榄枝，但他都一一婉拒了，于1951年回到祖国。

回国后他又相继发表多篇有分量的论文，被许多同行引用。可以说，他的研究为拓扑学的发展起到了承上启下的作用。

1956年，年仅37岁的吴文俊与华罗庚、钱学森一起荣获第一届国家自然科学奖一等奖。次年，吴文俊被选聘为中国科学院学部委员（院士）。

院士证书

吴文俊、华罗庚、钱学森同获中国科学院奖金一等奖（后认定为第一届国家自然科学奖）

古代数学开新花

　　正如吴文俊的恩师陈省身所说："他做出了划时代的贡献。"若吴文俊在拓扑学领域继续研究，一定会有更大的成就，但他却把研究的目光转向中国古代数学，开拓了数学研究的新天地。

　　吴文俊对中国古代数学有独到的看法，他认为，中国古代数学一点也不枯燥，简单明了，与"外国式数学"相比另有魅力。

　　1975 年，他以"顾今用"这一笔名在《数学学报》发表了一篇文章，对中西方的数学发展进行深入比较，精辟独到地论述了中国古代数学的世界意义。

　　他敏锐地洞察到，中国古代数学中包含独特的机械化思想，能够把几何问题转化为代数，再编成程序，输入电脑后可代替大量复杂的人工演算。这一古为今用、中西结合的数学机械化方法被称为"吴方法"。

　　这是近代数学史上第一个由中国人原创的研究领域，后来被应用于多个高技术领域，甚至对解决人工智能等核心问题都具有重要意义。

　　当有人说起数学是聪明人干的事，在数学上取得非凡成就的吴文俊就要反驳了："数学适合于笨人做的，聪明人做不合适"。他认为研究数学不能靠灵光一现，必须花"笨功夫"。就是靠着踏踏实实做学问的劲儿，吴文俊在数学家的黄金年龄过去后仍然保持着卓越的创造力。2009 年，已经 90 岁高龄的吴文俊开始研究世界级难题"大整数分解"。在他眼里，年纪大 ≠ 不能创新。

吴文俊与夫人陈丕和在吴文俊本人油画前合影

（本文作者：陈印政）

谢家麟（1920—2016）
加速器物理学家
中国科学院院士
2011 年国家最高科学技术奖获得者

为了中国在世界上占一席之地
——谢家麟

物质世界由一些基本粒子组成。加速器、对撞机是研究粒子的常用工具，很多科学家把粒子加速到高速去撞击原子核或对撞，来探索物质的本源。我国高能粒子加速器从无到有并跻身世界前沿离不开一位重要的奠基人，他就是谢家麟。

从爱无线电到研究物理学

　　谢家麟从小兴趣爱好广泛，但最热衷的是无线电。上中学时，他的课余时间大部分都在摆弄无线电，从矿石收音机到单管收音机、双管收音机，从低频收音机到高频收音机，在提高收音机性能的过程中，谢家麟获得了极大满足。1937年，"七七事变"爆发后，他自制的收音机成为全家了解战事的唯一渠道。

　　1938年，谢家麟以名列前茅的成绩被保送到燕京大学物理系。毕业后，尽管兵荒马乱，但谢家麟始终痴迷于工作。结婚旅行时，他竟然随身带了半箱研制高温真空电炉用的滑石。

　　1947年，谢家麟前往美国加州理工学院留学，仅用9个月就获得了硕士学位。由于对微波物理技术更感兴趣，他便转学到斯坦福大学攻读博士学位，从此对粒子加速器产生了强烈的兴趣。兴趣驱动让他在物理学领域造诣日深。在斯坦福大学物理系，谢家麟崭露才华，曾连续两年综合考试排名第一。

　　留学期间，谢家麟用了大量时间训练动手能力。他认为自己动手不仅能了解有关理论知识，还能弄明白如何实现它，特别是回国后，脱离了美国实验室环境，更需要有动手能力。后来，谢家麟常常将自己的成功归结为乐于动手。

在斯坦福大学微波与
高能物理实验室
（前排右一为谢家麟）

研制世界上第一台医用加速器

　　1951 年，谢家麟搭上"克利夫兰总统"号轮船，踏上日思夜想的归国之旅。不料，当船行至美国夏威夷时，他与多名中国同学被禁止离开美国。后来才知道，受朝鲜战争的影响，美国禁止学习科技类专业的中国留学生离境。

　　无法回国的谢家麟，在俄勒冈州立大学执教一年后，回到斯坦福大学的微波与物理实验室担任助教。半年后，他被实验室派到芝加哥负责研制世界上第一台使用高能电子束治疗肿瘤的医用加速器。当时没有成熟的先例可循，谢家麟到了芝加哥才发现问题多多、困难重重。对此，他没有退缩，迅速组织起一个由化妆品工厂的 1 名机械工程师及 4 名技工、1 名退役雷达兵组成的"团队"，梳理出需要解决的问题，开始逐项攻克。医用加速器的研制过程涉及多个科学领域，有的还需要特殊的技术，谢家麟只能独辟蹊径，通过自己的实验和研究逐一解决。

　　功夫不负有心人，1955 年谢家麟率先研制出当时世界上唯一一台使用高能电子束治疗癌症的加速器，也是当时世界上能量最高的医用加速器。该加速器直到20 世纪 80 年代才退役。如今应用加速器产生高能粒子治疗肿瘤已经成为普遍采用的技术。

在美国芝加哥研制的加速器局部

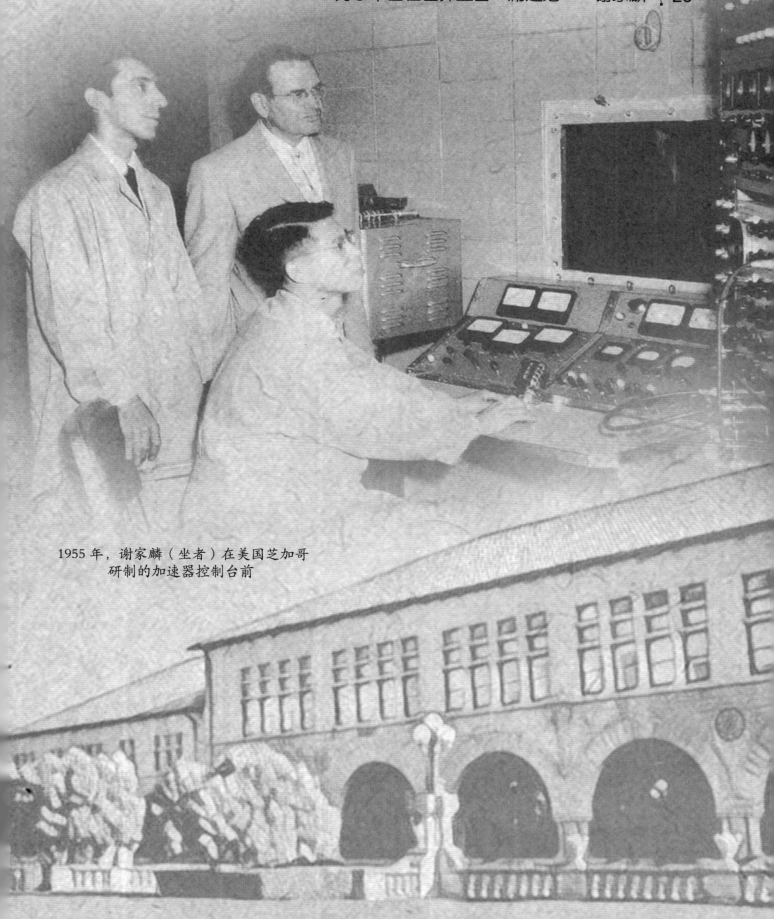

1955 年，谢家麟（坐者）在美国芝加哥
研制的加速器控制台前

谢家麟回国后研制成功的
中国第一个大功率调速管（1964 年）

白手起家建造中国的加速器

1955年，回国之初与
分别8年的妻子和长子合影

1955年，谢家麟终于回到祖国，并进入中国科学院原子能所工作。当时工作条件十分困难，但他并未被吓倒，而是勇挑重担，选择建造可向高能发展的电子直线加速器。他带领不到十个人的小组开始攻关，小组里都是刚毕业的年轻人，好些人甚至没听说过加速器。

始料未及的困难出现了，原计划订购的核心部件——调速管一直无法获得。他找到当时主管电子器件生产的第四机械工业部求援，但被告知这种管子的生产被安排在20年之后。面对这种情况，要么放弃整个计划，要么自行研制处于国际前沿的大功率调速管。谢家麟决定自己带团队研制调速管，仅有的参考资料是斯坦福大学发表的一篇论文和一张调速管的照片。

几年间，谢家麟带领团队加班加点地工作。没有计算机，他就简化物理设计，减少计算量，通过手摇计算机完成了全部计算；团队成员缺乏基础知识，就分别补课；没有微波元器件，就建立微波实验室自己研制……谢家麟把这些困难比喻为"想吃馒头，先种麦子"。

经过8年奋斗，1964年中国最早的一台可向高能发展的电子直线加速器建成，成功射出电子束，并提供束流用于国防工作，为"两弹"研制做出了重要贡献。

研制成功的30兆电子伏
直线加速器的控制台

谢家麟（左）在北京正负电子
对撞机控制室

为中国的
高能物理"加速"

　　电子直线加速器取得成功之后，
谢家麟等人提出建造高能加速器的设想。
1977年，项目获批，谢家麟任加速器总设计师。可
没几年，这一项目因缺少经费被迫下马了。

　　谢家麟与同事反复商量，如果按照中外专家的建议，将预先
研制的剩余经费用来建设正负电子对撞机，不但规模适中，经费有保障，
还可以开展国际前沿物理工作，让我国的高能物理研究进入世界先进行列。
虽然大多数科学家都同意建对撞机，但建设对撞机的难度大、风险高。有人说，
以当时中国的薄弱基础要想建成，就好比站在铁路月台上，想要跳上一辆飞驰而
来的特快列车。如果跳上了就飞驰向前，如果没有抓住，就会摔下来粉身碎骨。
谢家麟经常说："我就是胆子大，什么都不怕！"

　　1981年，对撞机的方案终于得到了大多数专家的肯定。1982年，已年过花甲
的谢家麟成为北京高能物理实验基地工程项目经理。1988年10月，北京正负电子
对撞机实现对撞，成为中国科技发展史上一个有着重要国际影响的里程碑。《人
民日报》评价称："这是我国继原子弹、氢弹爆炸成功及人造卫星上天之后，在
高科技领域的又一重大突破性成就。"

李政道（左一）、谢家麟（右一）在北京
正负电子对撞机的开工典礼上

（本文作者：高文静）

洪朝生（1920—2018）

低温物理学家

中国科学院院士

1985 年国家科技进步一等奖获得者

2000 年国际低温工程最高奖门德尔松奖获得者

2011 年美国低温工程最高奖塞缪尔·科林斯奖获得者

低温工程事业的开拓者
——洪朝生

是什么力量，让这位曾在国外做出"诺贝尔奖级别"研究工作的科学家，放弃优越的工作条件，毅然回到祖国，零基础开创了中国低温工程事业？回忆往昔，他说："我从未动摇和后悔回国的决定！"他是洪朝生。

育英中学时期的洪朝生

向新而生，勇敢追梦

　　洪朝生出生于北京市一个家境优渥的书香之家，父亲洪观涛是我国著名的铁路工程专家，外祖父高梦旦为近代著名出版家。家里有姐弟三人，父母对他们的教育非常重视，在三人很小的时候，就为他们设计了一条出国留学的道路。洪朝生年少时便聪颖过人，国文、算学、英语诸门功课都领悟很快，两年时光，已基本学完了初小的全部课程，后来直接进入育英学校小学部读四年级。

洪朝生姐弟三人

　　洪朝生在育英学校度过小学和初中阶段，一直成绩优异，而且学校先进的教学管理模式和思想教育，培养了他的良好学习习惯和爱国情怀。洪朝生曾说，"初中时候碰到'九一八事变'，学校和家庭的环境使我开始有了些民族意识，对于劳军、抵制日货这类事很热心，常有因为同学买了日货而吵的情形。"

　　1936 年，16 岁的洪朝生考入国立清华大学电机工程系，毕业后在国立西南联合大学电机工程系担任电信课助教。大学时期未能攻读自己喜爱的物理专业，洪朝生深感遗憾，于是他先后申请了第六届庚款留美考试和第八届庚款留英考试，均获得资格，最终他选择了去美国留学，继续完成自己的物理梦。

洪朝生（左一）
在麻省理工学院

放弃半导体物理为哪般

　　1945 年，洪朝生前往美国麻省理工学院攻读博士学位。当时的热门专业是微波和核物理，但是他没有盲目跟风，而是按照导师的思路踏实工作。尽管洪朝生在大学做过一段时间物理实验课讲师，但从未动手组装过收音机，而在麻省理工学院，很多实验台都是自己动手搭建。因此，洪朝生在这里学到了一些重要的实验技术和技巧，为他的科研生涯打下了坚实的基础。

　　1948 年，在获得麻省理工学院的博士学位后，洪朝生转入普渡大学从事半导体低温电导的研究。在这里，他进行了一项意义深远的实验——半导体锗单晶低温输运现象实验，这项实验揭示的规律，后来被半导体物理界称为"洪朝生效应"，1977 年诺贝尔物理学奖获得者的研究便是基于这一实验结果。

　　多年之后洪朝生的学生张殿琳院士问："您如果当年不回国而是选择在国外继续这方面的研究，诺贝尔奖会不会颁给您？"洪先生沉思一会儿，摇了摇头说："没有如果。我从未动摇和后悔回国的决定！"

1949 年，洪朝生在麻省理工学院
自行搭建的阴极平台上做实验

开创中国的低温工程事业

　　1952 年归国后，钱三强和彭桓武建议洪朝生着手低温物理研究，但当时中国的低温工程事业一片空白，连从事研究的基础设施都没有，开展低温物理研究的难度可想而知。洪朝生从调研和询价开始，对低温实验室所需的每一项花销都精打细算，经过反复比对和思考，提出了购置基本设备的清单。然而更大的问题不在于购置哪些仪器设备，而在于购货渠道，如何才能购来这些东西才是关键。当时的情况是西欧厂家与我国没有贸易往来，西欧科研设备仪器对我国全面"禁运"。

　　国家的科学仪器采购团在民主德国订购了部分机械仪器和有关仪表，但是仍有一些低温物理实验必需的材料属于禁运品，在柏林也买不到。洪朝生只好化整为零，最终在莱顿大学教授塔柯尼斯的帮助下，凑到了满满一大箱子管材、板材，还有部分小设备等。这些珍贵的零部件，是洪朝生为低温物理研究拼凑起的点滴希望。

洪朝生（中）在实验室指导
青年科技人员

在国内首次实现氢的液化

当时欧美具备氦液化机生产能力的国家对华禁售，我们根本无法买到氦液化机，在别无选择的情况下，洪朝生下定决心："这个我们自力更生，自己来干"。虽然对氢液化和氦液化系统设计的工作，洪朝生有所了解，但从原理开始，一步步地设计、研制、调试并最终实现该系统，对他而言是一个崭新的挑战。在我国工业基础十分薄弱，所需加工材料和加工精度达不到工艺要求的情况下，洪朝生迎难而上，靠自己的力量从头做起，氢液化系统在设计过程中经历层层波折，经过两年的时间最终调试成功。

氢液化器的成功研制，在中国的低温物理史，乃至中国科技史上具有重要意义。有了液氢，低温物理实验室的研究工作才能在比液体空气更低的温度下进行。

在低温室氢液化技术的基础上，化工部在大连化工厂建立了大型液氢生产设备和液氢精馏制备重水的设备，为国家的"两弹一星"工程及航天事业创造了重要的条件。这些一点一滴基础性的科技工作为国家科技的进步与腾飞奠定了坚实的基础。

（本文作者：张晓铮）

中华人民共和国
国家科学技术奖励

证 书

徐光宪（1920—2015）
物理化学家、无机化学家
中国科学院院士
2008 年国家最高科学技术奖获得者

改变世界稀土格局
——徐光宪

　　"谁掌握了稀土，谁就全天候掌握了战场。"作为工业"维生素"，稀土是隐形战机、超导体、核工业等高精尖领域必备的原料，提炼和加工难度极大，珍贵稀少。我国之所以拥有全世界最成熟的稀土工业体系，主要源于徐光宪的贡献。

国立交通大学图书馆

"傻"孩子成为尖子生

1920 年，徐光宪出生在浙江省绍兴县一个还算殷实的家庭。父亲熟知《九章算术》，曾教他解"鸡兔同笼"问题和下围棋，启发了他对数理化的兴趣。母亲虽目不识丁，但教子甚严，常告诫他："家有良田千顷，不如一技在身。"这句话让徐光宪铭记一生，刻苦勤奋，终生不渝。

徐光宪从小就表现出对世界强烈的好奇心，那时的他总喜欢缠着大人问天上有多少颗星星，人有多少根头发，大人们则笑着说他傻，爱提傻问题。但喜欢提问的徐光宪从来没有放弃寻找答案。他说："我不死心，仍然记着这些问题，总希望有一天知道答案。这也让我从小养成喜欢读书的习惯，因为书本可以给我许多不知道的知识。"

19 岁的徐光宪

上中学时，父亲过世，家道中落。1939 年，艰难求学的徐光宪辗转到了上海，晚上做家教谋生，白天到大学听课，最终考取了国立交通大学（今上海交通大学、西安交通大学的前身）。据徐光宪回忆："进上海交大时，是 5∶1 的录取率，能考进交大的都是江浙一带名牌高中的优秀生……我是靠自学考进来的，所以一点都不敢懈怠……老师们上课全用英文讲授。每学期要大考一次、中考两次……在前两年，每次大考总会有 10%～20% 的人留级，能够在交大顺利毕业实属不易。"大学 4 年，徐光宪的成绩始终是班级第一名。

鸭绿江

中朝边境

徐光宪与高小霞在哥伦比亚
大学图书馆门前

漫漫回国路，拳拳赤子心

1948 年，徐光宪考取公派赴美留学资格，异常勤奋的他一年后便获得哥伦比亚大学理学硕士学位，仅仅两年零八个月后又取得哥伦比亚大学物理化学博士学位，并被选为西格玛克塞荣誉科学会会员。导师贝克曼教授看好徐光宪的学术潜质，挽留他在美国继续从事科学研究，还把他推荐到诺贝尔化学奖获得者马利肯教授那里做博士后，前途一片光明。

1950 年，朝鲜战争爆发，中美关系异常紧张。美国政府企图通过总统法案，阻止中国留学生返回祖国参加建设。一旦法案正式实施，留学生回国将变得极其困难。1951 年 4 月，心急如焚的徐光宪与夫人高小霞商量："科学没有国界，但科学家有自己的祖国。"仍然博士在读的高小霞回答："留学为了什么？不就是为了学成后报效祖国吗？"于是，两人谢绝导师的挽留，以探亲的名义获得签证，冲破重重阻力，于 4 月 15 日背起行囊，乘"戈登将军"号邮轮离开美国。这是"禁止中国留美学生归国"法案正式生效前，驶往中国的倒数第三艘邮轮。

为祖国改变研究方向

　　为了摆脱西方国家的核威胁，我国于 1955 年做出发展原子能研制原子弹的决策。但当时国内的科学家中研究过核物理的并不多，于是国家动员邻近学科的专家转行从事原子弹的研究。1957 年，徐光宪积极响应国家号召，被任命为北京大学原子能系副主任兼核燃料化学教研室主任，并将核燃料萃取化学作为自己新的研究方向，为打造北京大学技术物理系这一"核科学家的摇篮"做出了杰出贡献。

　　那时，萃取化学是国际上新兴起的学科，相关学科资料十分稀缺。徐光宪从整理资料入手，在上千个卡片中寻找线索，总结出萃取的普遍规律，并使这些研究成果迅速地运用到我国的原子能工业中。

　　1964 年，在一次绝密会议上，徐光宪和其他人一起提出提取原子弹原料——钸的新方法。这种方法不仅成本低，而且使我国的核工业在苏联专家撤走后走上快速发展的轨道。

徐光宪在研究室的工作照

徐光宪办公室的藏书

分离稀土两兄弟

稀土，被称为工业"黄金"，是国家的重要战略资源。但在多年以前，开发利用稀土的生产技术始终掌握在国外少数厂商手里。稀土储量最大的中国，只能以低廉的价格出口稀土矿，再用高价进口稀土产品。

为了打破外国人在稀土领域的垄断，1972年，徐光宪所在的北京大学化学系接到了一个军工任务，即高纯度地分离稀土元素中性质最为相近的镨和钕（镨、钕在希腊语中是双生子的意思，二者的分离难度高，当时最先进的分离方法是离子交换法，但生产速度慢、成本高）。于是，徐光宪转向稀土分离方法的理论和实验研究。

徐光宪说："这两种元素比孪生兄弟还要像，分离难度极大。但中国作为世界最大的稀土所有国，长期只能出口稀土初级产品，我们心里不舒服。所以，再难也要上。"

为了解决科研难题，徐光宪带领科研团队潜心钻研，不畏挫折，他还阅读了大量文献，从美国宣告失败的研究体系中获得启发，最终创立了一套新的萃取理论——"串级萃取理论"。

1974年9月，包头稀土三厂成功地将徐光宪的稀土萃取工艺应用于生产实践，实现了当时世界上最高效率的分离稀土的工业生产。1978年，他率先办起"全国串级萃取讲习班"，把自己的科研成果在工厂里无偿推广。此后稀土生产工厂如雨后春笋般涌现。

20世纪90年代初，我国单一高纯度稀土大量出口，使国际稀土价格几乎降为原来的1/4，成功改写了国际稀土产业的格局，被国际上称为"中国冲击"。

徐光宪也因在稀土元素等研究领域做出的杰出贡献，荣获2008年度国家最高科学技术奖，成为中国化学、化工界首位获此殊荣的科学家。

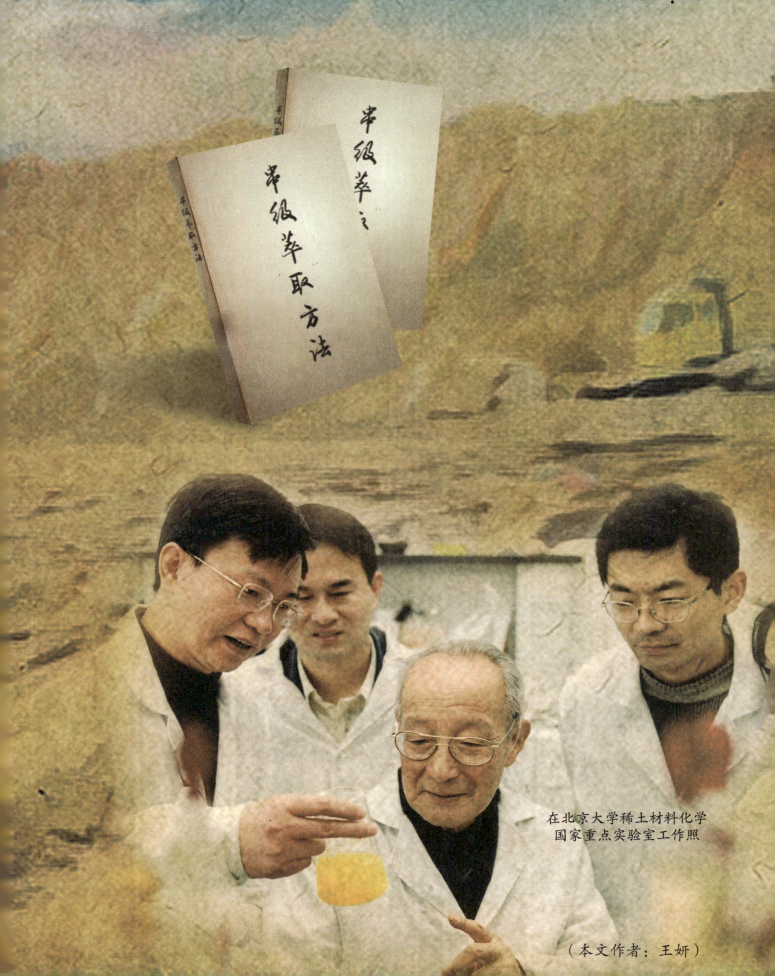

串级萃
串级萃取方法

在北京大学稀土材料化学
国家重点实验室工作照

（本文作者：王妍）

师昌绪（1920—2014）
材料科学家、战略科学家
中国科学院院士
中国工程院院士
1988 年国家科技进步一等奖获得者
2010 年国家最高科学技术奖获得者

治好飞机的心脏病
——师昌绪

　　航空发动机是飞机的心脏，而涡轮叶片是发动机制造的关键。师昌绪率领团队使中国的航空发动机涡轮叶片连续迈上了由锻造到铸造、由实心到空心两大台阶，成为继美国之后，第二个掌握该材料研制技术的国家。

抗战求学多磨难

1945 年国立西北工学院
矿冶系学士照

师昌绪出生于河北省徐水县大营村。他升入高小不久，"九一八事变"的消息便传到了学校。因为学校离铁路较近，经常看到从东北逃难而来的同胞，全体师生悲痛不已，停课下乡宣传抗日。这段经历令师昌绪意识到个人荣辱系于国家安危。

1937 年 7 月，"七七事变"爆发。不久平津失陷，师昌绪由一个叔叔带领，逃难到了河南省开封市，并进入专门收留逃难学生的冀察绥平津联合中学继续学习。高中毕业后，饱受战乱之苦的师昌绪意识到：只有实业才能救国，开矿炼钢当属实业救国的首选。日本之所以能侵略中国，是因为武器先进。学习采矿和冶金，将来造出好的钢铁，才能造出好的武器，国家才能强大起来。1941 年，师昌绪考入国立西北工学院矿冶系。

师昌绪与同学们深知战时的学习机会来之不易。白天上课，晚上没有电灯，但点起油灯也要坚持学习。同处一个宿舍的同学，基本分两拨，一拨学到夜里两三点钟回宿舍，另一拨也基本是这个时间到教室"开早车"。学校所在的七星寺，整夜都会灯火通明，留下了"坝上长夜，七星灯火"的佳话。

国立西北工学院古路坝旧址

他在美国上头条

　　中华人民共和国成立之后，留学美国的学者出现了"归国潮"。朝鲜战争爆发后，美国司法部出台"禁归令"，禁止学习理工农医的中国学生回国。师昌绪只能暂时留在美国。

　　面对复杂的环境，师昌绪与留学生们认真分析情况，决定将问题公开化，这样美国政府就不能明目张胆地迫害中国学生了。他们秘密写信给周恩来等人，表达了强烈的回国愿望，得到祖国的积极响应和大力支持。随后，他们起草了致美国总统的公开信，同时把信寄到了美国国会、各大媒体及联合国。他们还把信印了上千份，打算在纽约公开散发。坐火车前往纽约时，师昌绪遇到了列车员的盘查。师昌绪纳闷，列车员怎么会认识自己？原来他们想回国的事情已经登上了美国报纸的头条，还配上了他的大照片。

　　师昌绪要回国的决定，从未告诉过他的主管教授科恩。科恩是看到报道，才知道自己最喜欢的学生想回国。科恩教授问他为什么？是因为工资低，还是职位低？如果有困难可以解决。

美国报纸关于师昌绪回国的报道

师昌绪回答道："这些都不是我回国的理由，自己是中国人应该回中国去，现在中国十分落后，需要我这样的人，而美国像我这样的比比皆是，我在美国发挥不了多少作用，而且中国人主张孝道，我的父母都已年迈，需要我照顾。"

当时师昌绪负责主持美国空军有关高强度钢的课题，为了帮助他回国，科恩教授并没有向美国空军基地报告此事，否则师昌绪很难顺利回国。

经过不懈的努力，1955 年 6 月，师昌绪登上了"克利夫兰总统"号轮船，踏上了回国的归途。

回国后，他被分配到中国科学院金属研究所。不到两年的时间，他就完成了中国第一代航空发动机空心涡轮叶片的研制，解决了航空发动机制造无关键材料的难题。而英国人用了 15 年才完成这样的科研成果。

波士顿环球报的报道

"我最大的特点就是好管闲事"

　　师昌绪总结自己说："我最大的特点就是好管闲事。"他的科研始终根据国家所需开展。他甘做祖国科学发展中的一块砖，哪里需要哪里搬，践行着自己爱管"闲事"的信念。

　　师昌绪在同事中也一直以"好管闲事"著称。同事们如此评价他：师老很有眼光，他所管的闲事，要么是刚起步、困难多的事，要么是涉及面广、关系复杂的事。但是他管的闲事，都是以国家利益为重的大事。只要是国家建设需要，他事事关心，点滴过问，又被称为"不务正业的万金油"。

　　20 世纪 80 年代始，出于促进祖国科技发展的使命感，师昌绪多次主动转换工作岗位，在科学研究的道路上恪尽职守，不断开拓创新。1984 年，师昌绪担任中国科学院技术科学部主任。他不辞辛苦，做了大量的开创性工作。1986 年，他担任第一届国家自然科学基金委员会副主任，提出先学术后管理，编写了多达 54 册的《自然科学学科发展战略调研报告》，并主动承担国家自然科学基金和国家重点实验室的评审任务，出色地履行了相应的职责。

工作中的师昌绪（左二）

"抓一下碳纤维"

1996 年，师昌绪担任中国科学院学部主席团第一届学部咨询委员会主席，提出了"因地制宜，开发我国能源"的发展战略，揭开了我国新能源研究的序幕。

碳纤维是军用、民用的重要战略性材料，是一直困扰我国的科研难题。2000 年春，80 岁的师昌绪找到有关方面主动提出想"抓一下碳纤维"。得到的回复却是"这个事您可别管！谁抓谁麻烦！"

师昌绪回答说："我们的国防太需要碳纤维了，不能总靠进口。如果碳纤维搞不上去，拖了国防的后腿，我死不瞑目。"

最终，由师昌绪担纲，重新组织了碳纤维科研与生产等相关单位，开始研制和试生产。在此过程中，师昌绪不知疲倦地了解生产试验进程和生产状况，把握每一个进程，经过群策群力的艰难攻关，终于在一个民营小厂——光威碳纤维有限公司试制成功。

（本文作者：陈印政）

中华人民共和国
国家科学技术奖励
证 书

闵恩泽（1924—2016）
石油化工催化剂专家
中国科学院院士
中国工程院院士
2007 年国家最高科学技术奖获得者

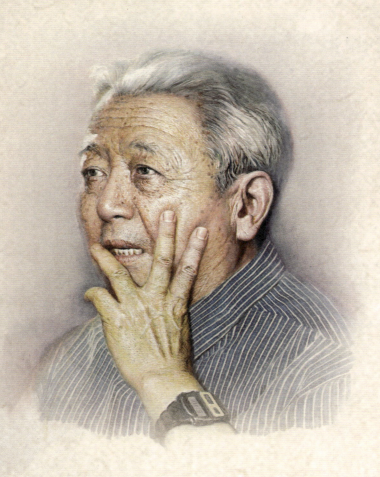

点油成"金"的催化剂
——闵恩泽

　　"百无一用"的"地沟油",经过化学反应,就能变成清洁、无污染的动力能源。这一变废为宝的功绩要归功于闵恩泽。

海外结缘石油化工业

年轻时的闵恩泽

闵恩泽的母亲出身书香世家，在他很小的时候就教他背诵唐诗。家里中堂上挂着一副对联："忠厚传家远，诗书继世长。"这句话对他的成长颇有影响。闵恩泽就是在这样的文化氛围中长大的。

1948年，闵恩泽带着一张正好够半年生活费和学费的外汇支票，以及借来的25美元，登上了前往美国的邮轮。

在美国俄亥俄州立大学化学工程系攻读研究生期间，学校曾组织学生参观肯塔基州阿希兰德炼油厂。当看到黑褐色的石油经催化裂化装置反应后神奇地变成清亮透明的汽油时，闵恩泽惊叹不已。当时，闵恩泽就在想"不知道中国哪一天能建成这样的装置？"

1950年，思乡心切的闵恩泽夫妇打点行装，准备回国。由于朝鲜战争爆发，闵恩泽回国的计划成了泡影。为了遏制中国，美国政府不允许学理工农医的中国留学生离境。闵恩泽归乡不得，只好先找工作生存下来。这一等就是4年。尽管这期间闵恩泽逐渐在美国站稳了脚跟，但始终认为自己的根在中国。他要回来报效祖国。

1955年，闵恩泽夫妇通过朋友的帮助，绕道香港，回到了阔别8年的祖国。当他们踏上祖国大地的那一刻，激动的泪水夺眶而出。

闵恩泽学生时代读过的书

自主制造石油催化剂

回国后，闵恩泽被分配到正在筹建的北京石油炼制研究所。当时各方面条件都十分艰苦。闵恩泽说："我既然要回国来报效祖国，我的信念和决心就是：祖国需要什么，我就干什么，学什么，请教什么，组织什么！"

20世纪五六十年代，我国炼制石油所需的催化剂主要依赖进口，且价格昂贵。1959年，我国决定建设自己的小球硅铝裂化催化剂厂用以从石油中炼制航空汽油。次年，闵恩泽承担了这一项研发任务。

时间紧、任务重。为了工作，闵恩泽吃在现场、住在办公室，每天早上8点开始工作，一直忙到深夜，通常都是凌晨两三点才得以休息。

在解决了一系列问题后，1964年5月，一座年产2400吨的小球硅铝裂化催化剂厂正式投产。生产出的催化剂性能完全达到了苏联进口催化剂的水平，不但完整率、杂质含量等指标优于进口产品，价格还仅为进口催化剂的一半。

此时离进口催化剂库存告罄仅有两个月，小球硅铝裂化催化剂厂的及时建成投产，打破了国外技术封锁，满足了国防所需，保障了军用和民用航空汽油的供应。

当大家还沉浸在成功的喜悦中时，病魔却向闵恩泽悄悄袭来。由于积劳成疾，闵恩泽罹患肺癌。年仅40岁的他被切除了右肺下部的两片肺叶，取掉了一根肋骨。

可病痛并没有阻止闵恩泽前进的脚步。1965年，在他的带领下，兰州炼油厂还建成投产了第一座微球硅铝裂化催化剂制造工厂。要将石油变为汽油、柴油，最核心的工艺是流化催化裂化，其中所用的催化剂就是微球硅铝裂化催化剂。

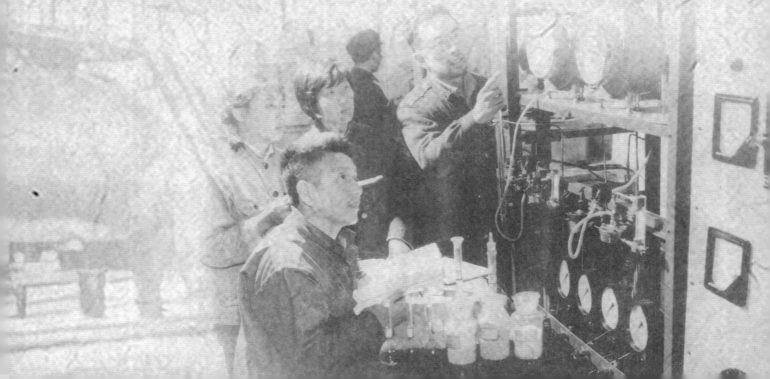

进军清洁能源的 "80后"

　　我国在生物质能源开发的一些领域起步晚，原始技术非常稀缺。闵恩泽带领团队从废弃油脂 "地沟油" 入手，研制出了 "近临界醇解" 工艺。这种工艺不仅解决了国内长期以来备受困扰的食品安全问题，还为进军新能源提供了有力的技术保障。

　　对此，国外很多长期投入生物柴油试制的大企业感到非常震惊。更让他们感到困惑的是，引领中国达到如此高度的人，竟是一个长期从事石油催化研究的年过八旬的老人。

　　2010年，闵恩泽向中国科学院学部提交了咨询报告《生物质炼油化工厂——推动能源化工迈上碳水化合物新时代》。闵恩泽亲自撰写了一章，对我国生物质能源，包括乙醇汽油、秸秆乙醇、微藻生物柴油及新一代生物质汽油的发展提出了建议。

　　生物质能源发展的每一步，都是闵恩泽根据国情和中国 "后天与后后天的需求" 精心设计的。这是闵恩泽在获得国家最高科学技术奖之后，一直进行的战略性、前瞻性的思考与探索的结果。

2011 年，闵恩泽在海南炼油厂参观

闵恩泽在科研一线指导工作

创新之路如唐僧取经

　　闵恩泽在自传《人生如炬》中写道："五十多年中，创新始终是我科研工作的主线。"科研路上，他和团队在学习中不断探索和前进，用创新引领自己一步步走向成功。

　　他常用唐僧取经的故事来比喻创新之路，他说："取经要经过九九八十一难，唐僧就很执着，碰到再多困难和挫折，也没有动摇他取经的决心，最后终于到了西天，取得真经。"

　　闵恩泽一路不屈不挠，将国家所需视为己任，燃烧自己，照亮祖国能源产业。从"应急"到"责任"再到一种从容的战略选择与部署，在国家需求的指引下，闵恩泽的人生步伐从未停滞、常走常新。

（本文作者：陈印政）

郑哲敏（1924—2021）
物理学家、力学家、爆炸力学专家
中国科学院院士
中国工程院院士
2012 年国家最高科学技术奖获得者

回国开创"爆炸力学"
——郑哲敏

　　年少时立志科学报国，先后师从钱伟长和钱学森。留美学成归国后，和同事们攻克爆炸成形难题，为"两弹一星"关键部件的研制做出开拓性贡献，成为爆炸力学的开拓者。他就是郑哲敏。

青年立志科学报国

郑哲敏的父亲是一名出身贫寒的成功商人，向来主张子女应当勤勉好学、修身养性，为郑哲敏的成长营造了良好的家庭环境。1937 年 7 月全面抗日战争开始后，郑哲敏先随母亲避难于浙江宁波乡下，后辗转南昌、九江、武汉入川，与父亲落脚成都，在战火中度过了自己的少年时代。

上初中时，郑哲敏告诉老师长大后想当飞行员和工程师，因为他期盼有朝一日自己能够搏击长空，为国杀敌；或者从事工程，强国抗敌。在那段动荡的岁月里，郑哲敏非但没有荒废学业，反而在父亲的引导下养成了让自己受益终生的自学习惯，成长为"学霸"。

1943 年，郑哲敏以优异的成绩考入国立西南联合大学，就读于工学院电机系，次年转入机械系。1946 年工学院迁回清华园后，他遇到了恩师钱伟长。在钱伟长的课上，郑哲敏第一次接触到流体力学、弹性力学等近代力学知识，进而对力学产生了浓厚的兴趣。此时，郑哲敏对自己的责任及国家的前途命运有了更深刻的思考，如何才能实现富国强民的梦想？他一番思索后决定投身科研，并将力学作为终身研究方向，立志科学报国。

留美学成一心归国

1947 年，郑哲敏从清华大学机械系毕业之后选择留校，成为钱伟长的助教。1948 年，在钱伟长等人的推荐下，经过层层选拔，郑哲敏申请到了条件苛刻的国际扶轮社的留美奖学金。郑哲敏是那年中国唯一的受资助者。之后，他前往美国加州理工学院留学。

1952 年，郑哲敏（右三）着博士学位服装参加毕业典礼

加州理工学院是世界久负盛名的理工学院，培养了众多诺贝尔奖得主。仅一年，郑哲敏就获得了硕士学位，然后跟随当时已誉满全球的钱学森攻读博士学位。他深受钱学森的影响，喜欢着眼于重大的实际问题，治学严谨。留美期间，郑哲敏在多个新学科领域取得显著进展，并于 1952 年 6 月获加州理工学院应用力学与数学博士学位。

在郑哲敏看来，"出国留学就是为了归国报效，从来没有过其他想法。"在拿到博士学位之后，他立刻提出了回国申请。但这时朝鲜战争已经全面爆发，美国政府限制中国留学生回国。移民局以签证到期为由将其羁押，获朋友保释之后郑哲敏立即起诉要求离境。虽然他赢了官司，却被美国政府以"不利于美国利益"为由禁止离境，且护照一直被扣押，归国计划受阻。这一切始终没有动摇郑哲敏科学报国的信念，他始终牢记老师钱学森的叮嘱——"一切要以国家需要为己任"。

直到 1954 年日内瓦会议结束后，美国移民局限制留学生离境的政策终于有所松动。郑哲敏抓住这次机会，于 9 月底从纽约坐船，辗转法国、瑞士及中国香港等地，历时 4 个多月终于回到了阔别 6 年半的祖国。

1955 年 2 月，郑哲敏（中）回国途经香港在王光烺先生家中留影

攻克爆炸成形难题

　　回国后，郑哲敏成为中国科学院力学研究所的 18 位建所元老之一。1960 年，郑哲敏和他的同事开始研究爆炸成形。爆炸成形就是通过控制爆炸时能量释放的方向和力度，将材料炸成预先设定的形状。

　　当时，我国的"两弹一星"计划已经到了研制的关键时期，由于国内没有大型水压机，有些零件的成形难以控制，尤其是制造导弹和火箭急需的喷管，成了摆在所有人面前的一大难题。1961 年 5 月，钱学森安排解决爆炸成形这个难题。

　　当时，关于这个问题的解决方案在世界范围内还是一片空白。在回国之前，郑哲敏甚至都没有见过炸药和雷管。"虽然是一个全新领域，但国家需要，我当然义不容辞。"面对这个难题，郑哲敏拿出了小时候自学时的坚韧和毅力，日夜苦思冥想。

　　在同事们大量实验室实验和现场试验的基础上，郑哲敏经过一番刻苦攻关，终于研究出了"爆炸成形模型律与成形机制"，并与工业部门合作，应用此理论成功生产出高精度的导弹零部件，为"两弹一星"做出重要贡献。

　　就在爆炸成形问题解决的同时，一门新的分支学科诞生了，钱学森在 1963 年前瞻性地将其命名为"爆炸力学"，郑哲敏便是这门学科的带头人。

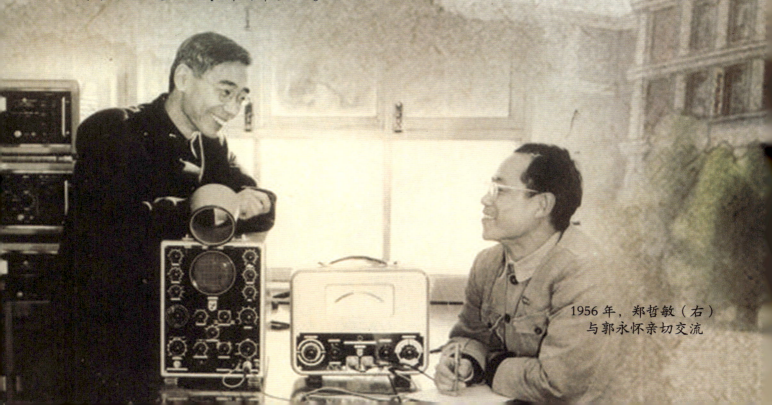

1956 年，郑哲敏（右）
与郭永怀亲切交流

以国家需要为己任

2013年1月18日，郑哲敏因为对"爆炸"的精准掌控和在力学领域的突出贡献，荣获2012年度国家最高科学技术奖。

年近百岁时，郑哲敏仍活跃在科研和教学一线，用自己一生的经验和感悟寄语青年科研人员："自然科学研究是比较苦、枯燥。但这些基础研究必须要走在前面，才能真正推进科技创造和发明，带动其他学科。现在各方步伐都很快，但我想还应有一批人，有志于稳下来，实实在在做一些事。"

"我从旧时代走过来，富国强民是梦想，总想为国家做点实实在在的事，这是很简单的想法。"郑哲敏一生不计名利，认真践行着为国为民的理想。从战争年代到留学时代，从新中国建设时期到社会主义新时代，他科学报国的初心一直未变，爱国奉献的精神始终都在。无论社会如何变迁，时代历尽多少沧桑，郑哲敏爱国奉献的精神将不断激励后人为实现中华民族伟大复兴而不懈奋斗。

（本文作者：马　丽）

中华人民共和国
国家科学技术奖励

证 书

谷超豪（1926—2012）
数学家
中国科学院院士
2009 年国家最高科学技术奖获得者

"人言数无味，我道味无穷"
——谷超豪

　　在被誉为"金三角"的微分几何、偏微分方程和数学物理3个领域，他都做出了卓越贡献，他创立的复旦大学偏微分方程学派具有国际知名度。作为获得国家最高科学技术奖的第二位数学家，谷超豪的数学成就举世公认。

年少立志做大事

高中时期的谷超豪肖像照

　　谷超豪从小就思路活跃，喜欢独立思考，各门功课都很好，对数学尤其情有独钟。他说："我对数学的兴趣源于小学三年级接触到循环小数，数学要靠想象，这个无限的概念激发了我的想象能力，之后我便爱上了数学。"

　　上中学时，谷超豪不满足于课本知识，看了不少课外书，包括刘薰宇的《数学的园地》，这让他对数学产生了更浓厚的兴趣。一次，老师问：一个四边形，每边边长都是1，面积是否是1？许多同学都认为是1。谷超豪说不一定，如果把它压扁，变成一条线，面积就差不多成了0。谷超豪的想法深受老师的赞赏。当时，他还不知道菱形面积的公式，只是从形状的变化来考虑问题。这种求新求变的思维方式在他以后的研究实践中不断显现。

　　1938年，日军轰炸温州，整个城市瘫痪了，谷超豪所在的温州中学也被炸毁了。眼前的一切，让少年谷超豪深切地体会到屈辱。在学校礼堂里，谷超豪再次看到了孙中山先生的一句话——"学生要立志做大事，不可做大官"。谷超豪认为，像孙中山先生那样以救国救民为己任，为国家的兴亡承担责任，自然是"大事"；用自然科学改造世界，也是"大事"。从此，当科学家、做革命者，就成了谷超豪的两大志向。

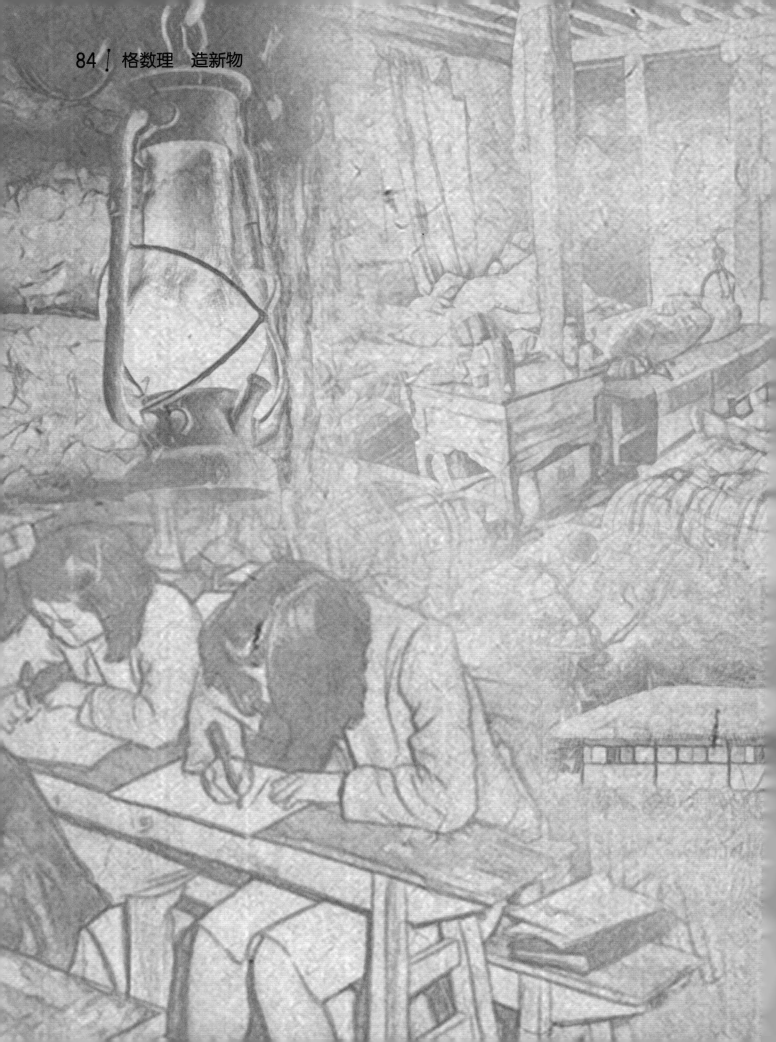

穷乡陋室上大学

　　1943 年，谷超豪考入国立浙江大学数学系。当时正值抗日战争时期，国立浙江大学本部已西迁贵州遵义。为便于东南地区学子求学，时任校长竺可桢在浙江西部设立了龙泉分校。

　　龙泉分校地处偏僻的乡下，条件非常艰苦。谷超豪所在的数学系一年级有二十几个同学，挤在一间十几平方米的小屋里上课、自习。晚上没有电灯，每人一盏桐油灯。夜里两百多人睡在一个大房间里，双人铺中间只有非常狭窄的过道，不仅会有臭虫的侵扰，还会受附近村民活动的干扰。伙食就更差了，每餐只有一小碗青菜，偶尔会有几小块豆腐。饭不够吃时，大家就用秤来平分。

　　老师住的是学校旁边的木屋，外面下大雨，屋里下小雨。用锅碗瓢盆来接水时，会发出滴滴答答的声音，乐观的老师们给木屋取名为"风雨龙吟楼"。

　　就是在这样的条件下，谷超豪修完了微积分、代数方程式论、立体几何等课程。谷超豪还结合微积分课，把高中时期因为参加学生运动落下的数学内容补上了，同时还阅读了一些课外书，其中包括一本射影几何著作。这本书为他后来的几何学习奠定了基础。

　　回忆这段生活，谷超豪说："为什么师生们这样努力？因为大家都抱有一个信念——中华民族一定会战胜一切困难，取得最后的胜利。"

1947 年，国立浙江大学数学系师生合影，中排左五为谷超豪

转向归零再出发

　　1956年，谷超豪获得了前往苏联进修的机会。当时，计算数学、概率论、偏微分方程都是中国比较薄弱的，国家希望在这些领域能有所突破。听闻这个消息，谷超豪就自觉地想要承担起这个使命。1957年，谷超豪被公派到世界数学中心之一的莫斯科大学数学力学系进修。在完成规定课程之外，他有意识地学习了与高速飞行器密切相关的空气动力学，从偏微分方程研究的角度切入，恰恰能解决空气动力学中许多困难而重要的数学问题。

　　1959年，谷超豪因突出的科研成果成为第一个获得莫斯科大学博士学位的中国人。回国后不久，谷超豪就将研究方向由微分几何转入了偏微分方程和数学物理领域。促使这次"转型"的，是《1956—1967年科学技术发展远景规划》（简称"十二年规划"）的制定。

　　对一个科研工作者来说，放弃已有成绩，归零后重新出发，是何等的艰难。谷超豪的这个重大抉择，是考虑国家需要和个人兴趣做出的。尽管深爱数学，谷超豪却不认为数学凌驾于其他学科之上。他认为："数学最使人兴奋之处，就在于可以用它来解说或解答各门学科中的重要问题，同时又不断吸收其他学科的成就，扩大和充实自己的研究，为国家建设做出巨大的贡献。"

1957年，赴苏联前，谷超豪（左）与苏步青（右）讨论数学问题

1959 年，谷超豪在莫斯科大学
论文答辩会上作报告

规范场论多建树

1974 年，正从事规范场论研究的杨振宁发现，规范场与微分几何有着密切关系。巧合的是，身为复旦大学数学系教授的父亲杨武之，此前向他介绍过复旦大学在微分几何领域有很强的实力，谷超豪是这一学科的带头人之一。于是，杨振宁便与谷超豪率领的团队展开了合作。

杨振宁曾高度评价谷超豪的研究，称赞他"好像站在高山上，看到了全局"。谷超豪和杨振宁合作发表了题为《规范场理论若干问题》的论文。之后，谷超豪赴美国就偏微分方程理论和规范场的数学结构作了学术报告，博得美国数学家和物理学家的高度评价。

谷超豪还应国际学术期刊《物理学报告》特邀，写成专著《经典规范场》，并作为专辑发表，该杂志还破例用中文刊出了摘要，这是中国学者第一次在该杂志上出专辑，得到了国内外同行的高度赞扬和广泛引用。

1977 年 7 月，谷超豪、胡和生等
与杨振宁讨论规范场理论
（左起：谷超豪、胡和生、杨振宁）

（本文作者：陈印政）

南仁东（1945—2017）

天文学家

2019 年"人民科学家"国家荣誉称号获得者

造"天眼"洞察宇宙奥秘
——南仁东

　　探寻宇宙的秘密，寻找地外生命，离不开先进的望远镜。他历时22年，只为建成世界上独一无二的"中国天眼"；他先后被授予"时代楷模""最美奋斗者""人民科学家"等荣誉称号。他就是南仁东。

少年求学爱天文

　　南仁东从小就对星星感兴趣，常常思考："南半球看到的星星是不是跟我们看到的一样？"高二的时候，他就已经很喜欢天文知识了，还订了一本名为《每月一星》的杂志，每期必读，从中了解了很多关于宇宙星辰的知识。

　　1963年，18岁的南仁东以吉林省理科状元的优秀成绩被清华大学无线电系录取。但是，因为从小就对天文感兴趣，所以他决定要考取天文学的研究生继续深造，后来也得偿所愿。1978年，南仁东被中国科学院研究生院录取。顺利毕业后，南仁东又继续攻读理学博士学位。1985年12月，南仁东赴荷兰德云格勒天文台做访问学者，在此期间他主持了十几次观测，取得了丰硕的天体物理成果，逐渐在国际天文界小有声名。当时，国外有家公司开出比国内高300倍的工资想把他留下，可他还是回国了。那时中国在天文领域远远落后于西方国家，南仁东想发展中国自己的天文事业。

　　回国后，南仁东进入中国科学院北京天文台工作。为了研发一个程序，南仁东连续7天都泡在办公室里，干起活来非常拼命。

高中时的南仁东

大学时期的南仁东

攻坚克难为立项

　　1993 年，国际无线电科学联盟大会在日本召开，与会科学家提出要建造新一代望远镜，以接收更多来自宇宙的信息。南仁东一听便坐不住了，他向中国科学院提出，要争取把"大射电望远镜"建到中国来，中国不能再错过这次机会。对于彼时的中国来讲，建造 500 米口径球面射电望远镜（FAST）的计划大胆得近乎疯狂。要知道，当时中国最大的射电望远镜，口径仅有 25 米。1994 年，南仁东和同事一起，开始了艰苦的预研究工作，一干就是 13 年。

　　1999 年，当中国科学院支持项目启动预研究之后，国内外不断传出"FAST 过时"的声音。在此期间，美国阿雷西博望远镜不再对外开放。南仁东申请美国签证多次被拒。荷兰友人劝他说："一个连汽车发动机都不会造的国家，怎么能造出大射电？"超出预算、超出科技水平等种种困难，都没有让南仁东气馁。他四处"化缘"，不断告诉各界人士，这"孩子"将来是有出息的。以致有人问他："你是不是搞推销的？"

　　为了寻求技术上的合作，南仁东坐着火车满中国跑。他的立项申请书上最后出现了 20 多个合作单位，大概有 3 厘米厚。2006 年，项目通过了最后的评审。2007 年 7 月，FAST 作为"十一五"重大科学装置终于正式被国家批准立项。

跋山涉水为选址

　　为了寻找适合建造望远镜的地点，南仁东化身"徐霞客"，带着团队不辞劳苦徒步进入贵州大山里的一个个洼地，考察那里的地形地貌。为了选出性价比最高的台址，尽可能减少 FAST 工程的造价，南仁东带着 300 多幅卫星遥感图，踏遍了贵州大山里几乎所有的洼地。一些从未有人踏足的荒野，南仁东去了！几十个大大小小的偏远村寨，南仁东去了！一些当地人走着都费劲的山路，南仁东也去了！当时缺少先进的技术手段，南仁东就是用一个个找、一个个数的笨方法，去寻找最佳台址。

　　在选址的时候，要去的很多地方还没有路，那些平平整整的砂石路，都是村民们赶修出来的。洼地在山里，爬坡用的手杖也是村民们赶制出来的。

　　野外选址随时充满着危险。有一次，南仁东下大窝凼时，瓢泼大雨从天而降，眼看山洪就要冲下来了，他连滚带爬地想回到垭口，全身都湿透了，汗水混着雨水。因为路滑，南仁东从山上滚了下来，幸亏有两棵树挡住才免于跌入洼底。他坐下来一看，脚上的鞋竟然裂开了一道 5 厘米长的口子。大家看得目瞪口呆，吓出一身冷汗。可是南仁东对这些艰难却总是一笑而过。

心底无私天地宽

　　南仁东说，建造"中国天眼"不是为了个人，而是为了整个射电天文界，尤其是为了年轻的研究生、博士后及下一代的天文学者。通过 FAST 工程的实施，南仁东也培养了一支优秀的研究队伍。FAST 工程副总工程师李菂，原本在美国宇航局工作，得知 FAST 工程的消息后，不想错过这样一个世界领先的望远镜，同时也是在南仁东的感召下，毅然回国加入 FAST 团队。南仁东无私奉献的精神，时刻激励着大家前进。

　　"我谈不上有高尚的追求，没有特别多的理想，大部分时间是不得不做。"

南仁东说。"人总得有个面子吧，你往办公室一摊，什么也不做，那不是个事。我特别怕亏欠别人，国家投了那么多钱，国际上又有人说你在吹牛皮，我就得负点责任。"

令人痛惜的是，南仁东让中国睁开了"天眼"，而他却于 2017 年 9 月 15 日因肺癌突然恶化逝世。25 天之后，中国科学院发布了"天眼"的首批成果。为了纪念南仁东的贡献，中国科学院国家天文台宣布，将国际永久编号为 79694 的小行星正式命名为"南仁东星"。

（本文作者：陈印政）

后/记

  中国科学家是为国家和民族自强、自立而忘我奋斗的可爱、可敬的人。他们身上展现出来的中国科学家精神已成为中华民族精神的一部分，激励着一代又一代有志于科学技术事业的青少年踏上攀登科学技术高峰的伟大征程，为实现中华民族的伟大复兴接续奋斗。

  讲述老一代科学家的故事，弘扬伟大的科学家精神，号召更多的青少年向科学技术进军，这不仅是中国科协的责任，更是每一个学校、每一个家庭的责任。因为只有大批青少年投身科学技术事业，我们的国家、我们的民族才能得到持续的发展，才能永葆青春活力，才能屹立于世界之巅。

  为了编写这套丛书，中国科协创新战略研究院面向社会专门组织了两支队伍，一支研究科技史、熟悉老一代科学家的学者队伍，承担起这项光荣而又繁重的文字撰写任务；一支富有活力的画家队伍，为科学家画像、为文字配图，用图画和历史图片融合的方式让读者身临其境。当这套书付梓之时，我们的愿望实现了一半，另一半要由读者来实现。如果你们从中得到一些有益的启示，增加对科学的一分热爱、对科学家有了新的认识，那么我们的目的就算达到了。

  希望你们能擎起科学技术的火炬，照亮世界、照亮未来。